ラク〜に生きるヒントが見つかる

般ニャ心経

監修　加藤朝胤　薬師寺執事長

はじめに

　般若心経は、多くの人に親しまれているお経です。たった262文字のお経ですが、その中には現代で生きる私たちの考え方のヒントになる教えがたくさんつまっています。

　般若心経の教えの中心になるのは、この世の中にあるものは、絶対的なものなどなく、すべて変化するものであるという「空の思想」です。これは、なかなか理解するのが難しいかもしれません。けれど、「空の思想」も、「こう解釈しなければならない」というものではないのです。

　本書では、般若心経の語句を、身近な例や分かりやすい言葉を使って紹介しています。

　読者の皆さまも、ぜひ自分なりの解釈で般若心経に親しんでいただければ幸いです。

1 今の自分を見つめる

② 変化を受け入れる

3 こだわりから自由になる

本書では、旧字体の「佛」という漢字を使用しています。この文字は「人」と「弗」の偏と旁を合成した形声文字です。「人」は、立っている人を横から眺めた形を表す象形文字で、「弗」は縦の二本の線が反り返って合わないものを示し、「背く」を表す会意文字です。

中国洛陽白馬寺に佛教が伝来した永平十年、梵語 buddha の音訳に「佛陀」が用いられ、佛は一般には「ホトケ」を意味することとなりました。佛は人でありながら人にあらず（弗）、悟った人であるということが、音だけでなく文字の持つ意味で表されています。

現在は、「佛」を「仏」と表記することが多いですが、旁の「ム」は単なる記号にすぎません。佛教者としては、「佛」の文字に含まれる意味も大切にしたいものです。

chapter 1

今の自分を見つめる

見方を変えてみる

自分の意見から、少し離れてみよう

　褒められたら、うれしくて舞い上がる。けなされたら、とたんに気分がスッと落ちて、腹が立つ。周りの人の反応に敏感になっている自分に気づいたら、立ち止まって、静かに自分を眺めてみましょう。もしかしたら自分の価値観を世界の中心にして、周囲を支配することが正しいと思い込んでいるのかもしれません。

　世の中には色々な人がいて、色々な考え方や生き方があります。皆違って、それでいいのです。

　もっと柔軟に、バリエーションに富んだ見方を持っている方が、あなた自身も、ずっと楽になれるはずです。

観自在
<small>かんじざい</small>

何の偏見もこだわりもない、自由自在な心の状態。般若心経を漢訳した玄奘は、観世音菩薩を、救いを求める人々のもとへ自ら出向き、柔軟な姿勢と自由な発想で人々を救う存在として、「観自在菩薩」と訳しました。

気持ちに寄り添う

困っている人に手を差し出して

　見るからに幸福感にあふれていて、一緒にいて心地よく、楽しそうに生きている人。そんな人には、皆が近づいていきます。

　一方で、苦しみにもがいている人に近づくのは勇気がいります。しかし、そんな苦しい人に寄り添ってあげられるのが、本当の温かさや優しさではないでしょうか。

　もし、あなたの周りで、何かに苦しんでいる人がいたら、少しだけ手を差し出してみてください。

　喜びを共有するのは簡単です。しかし、辛い時、苦しい時にそれを共有してくれる人がいるだけで、心はふっと軽くなるのです。

菩薩（ぼさつ）

正しい道を歩む人。人々と共に歩み、導き、教えてくれる存在であり、永遠なるものを求めて、永遠に努力を続ける人。悟りの境地に達しているにも関わらず、私たちと同じ世界に留まり、私たちを救ってくれています。

バランスをとって

熱中しすぎると、周りが見えなくなる

　大好きな食べものだからといって、そればかり食べ続けていると身体を壊してしまいます。

　それと同様、仕事や恋愛など、何か一つに夢中になるあまり、それ以外のものを切り捨てたり、思い入れが激しくなり、感情的になったりすると、自分も周りも疲れてしまう原因に。

　何かに熱中できる才能は素晴らしいものですが、のめりこみそうになったら、あえて他に目を向けて気持ちを拡散させましょう。心のバランスをとるよう努めることは、やがて、あなた自身を救うことにつながるのです。

行深（ぎょうじん）

「深く行う（実践する）」とは、思慮深く、冷静な心に裏づけされた行いのことです。何かを極端なまでに推し進めることではありません。人生にある多くの「行（修行）」は、バランスのとれた心で実践することが大切です。

からまった糸は
ゆっくりほどこう

感情をぶつける前に、深呼吸

　身近な人だからこそ、自分の気持ちを理解してほしいと思うことがあるでしょう。言葉にしなくてもきっと察してくれているはずと期待することもあるでしょう。

　そんな思いとはうらはらに、相手に理解してもらえなかった時、その悲しみと不満を相手にぶつける前に、立ち止まって深呼吸。あなたの熱い思いを紙に書くなどして、少し時間を置いて冷静になってみましょう。

　相手に伝えたいことがある時は、ゆっくりと時間をかけて。すぐに答えを求めないこと。それが問題解決につながります。

<ruby>般若<rt>はんにゃ</rt></ruby>

心の穏やかさに根ざした、深い智慧のこと。そのような優れた智慧を、佛教では「般若」という言葉で表します。糸を「ほどく」が「ほとく」となり、「ほとける」、「ほとけ」となりました。これが「佛」の語源です。

今日もありがとう

当たり前のことに、感謝しよう

　朝起きたら、まぶしい朝の光に目を細めて、ありがとう。顔を洗う時、蛇口からあふれ出る新鮮な水に、ありがとう。家族がおいしいコーヒーを淹れてくれたら、ああ、うれしいな、ありがとう。

　色々な存在のお陰で、あなたは今日も健やかに生きています。

　今この瞬間、あなたに与えられているものがどれほど豊かであることか。水、光、太陽、健康、友情、愛…当たり前のように受け取ってきたものへ、心から感謝の気持ちを呼び起こしましょう。小さな「ありがとう」を積み重ねていれば、いつだって幸せを感じることができるのです。

波羅蜜多時
（は　ら　みっ　た　じ）

「波羅蜜」という言葉は、古代インドのサンスクリット語やパーリ語で「到達」や「達成」を意味します。迷いや不安のない、のびやかな、すっきり晴れ晴れした心の状態であれば、悟りの道へ到ることができるのです。

自分で見極める

華やかな言葉に惑わされないで

　人は、他人の意見や外部からの影響に動かされやすいものです。派手な宣伝広告につられてつい買ってしまったモノも、家に帰ってよく見てみると「何でこんなモノを買ったんだろう」と後悔した経験のある人も多いでしょう。

　小さな買い物ならまだしも、人生における大きな判断で、他人の影響を受けすぎるのは危ないこと。結婚や就職など、人生の大きな判断をする時は、「こうするといいよ」「それはやめた方がいいよ」という周囲の言葉を鵜呑みにするのではなく、必ず自分でしっかり考えて、深く理解してから進めていきましょう。

照見（しょうけん）

目の前で繰り広げられている事柄の本質や原因を、かたよらない見方で、バランスよく見つめること。間違った考え方のベースとなる、邪（よこしま）な思いや煩悩から離れ、自分の責任を他人に転嫁しないことが大切です。

変化を嘆かないで

変わりゆく、変化するのが自然なこと

　世の中にあるすべてのものは変化するのが本来の姿です。永遠に変わらないものなど、どこにもありません。目に見えるものだけでなく、あなたの気持ちも一瞬一瞬で変化しているはずです。

　ですから、あなたの外側にいる人やモノに永遠を求めたり、変化を嘆く必要はありません。それよりも、あなたの内側にゆるぎのない確かなものをつくり上げていくことが大切です。

　習得した技術や、仕事のスキル、人に温かく接することのできる優しさなど、あなたが自分の内側に築いたものは、あなたの人生をより豊かにしてくれます。

五蘊皆空（ごうんかいくう）

人間が絶対視しがちな「色」「受」「想」「行」「識」の五つを「五蘊」と呼びます。お釈迦さまの教えでは、これらはすべて移り変わり変化していく性質のもの、すなわち「空」であるといわれています。

思い切って
飛び越える

苦しみから逃げないことも、大切

　正しい道を歩んでいるはずなのに、まるで妨害のような苦しみに遭遇することがあります。例えば、順調に思えた仕事において、突如現れたトラブルや思いがけない失敗。実はこれらは、あなたの人生に必要な、向上するための試練の道なのです。

　このようなハードルを一つ越えるごとに、あなたの魂はまた一つ磨かれ、心は輝きを増し、さらなる高みへと上昇していきます。

　思いがけない苦しみに遭遇したら、逃げ道をつくらず、あえてその厳しい道に立ち向かってみてください。そこを越えた先にある、吹きわたる風のような、爽やかな境地を目指して。

度一切苦厄
〈ど いっさい く やく〉

あらゆる苦難を乗り越えて、自由自在の境地に到達すること。人が出会う五蘊の苦しみは、すべて「空」であると深く体感することによって、様々な苦しみから解き放たれ、心静かな境地となります。

[縁起]

縁起は、「因縁生起」を表します。

この世にあるすべてのものは、因（直接の原因）と縁（間接的な条件）によって生まれるという、佛教の教えの根本となる考え方です。

私たちが生まれて、今それぞれの場所で生活しているのも様々な因や縁の組み合わせによるものです。自分以外の存在なくして誕生、存在することはできません。

[中道]

極端な考え方をするのではなく、どちらにもかたよらないバランスのよい生き方をすること。何かに執着するのではなく、真ん中の道を歩むこと。

お釈迦さまは、贅沢な暮らしと厳しい修行の両方を行いましたが、どちらの生活でも悟りを得ることができませんでした。苦行は、身心を痛めることはあっても、真理には近づけないのです。

chapter 2

変化を受け入れる

ダメなところは
誰にでもある

足りない部分は謙虚に認めて

　どんな人にもダメな面、足りない部分はあります。しかし、人から愛される人は、そんなダメな面を自分で分かっていて、そこに助けを求め、謙虚に感謝する心を持っています。

　誰かに批判されたり指摘された時、すぐに開き直ったり、怒ったり。そんなふうに感情にまかせるのではなく、素直に認めましょう。「私は、そこがダメなところですね。ごめんなさい」。堂々と謝ることができる人は、とても勇気ある人。

　素直であること、謙虚であることは周囲の人の気持ちを和ませ、たくさんの愛を集めます。

舎利子
しゃりし

お釈迦さまの十大弟子の一人シャーリプトラのこと。大変な知恵者であり、その謙虚で誠実な人柄を表す数多くの物語が伝わります。先輩弟子アッサジのいる方向へ毎日礼拝をしていたという逸話も彼の人柄を偲ばせます。

毎日が変化の連続

何も変わらない毎日などない

「同じような毎日が退屈だ」「もっと生活に変化が欲しい」。そう思うことはありませんか。

しかし昨日と今日は確実に違う一日です。目に見えないような小さなことかもしれませんが、毎日は変化の連続なのです。

何も変わらないと決めつける前に、小さな変化を自らつくり、楽しさやうれしさを見出してみましょう。

通勤のコースを変えてみたり、いつもと違う紅茶を選んでみたり。ささやかな習慣を変えるだけで、新しい風があなたの日常に吹き込んでくるのです。

色不異空
<small>しき ふ い くう</small>

あなたの目に見えている現実が、実はあなた自身がつくり出した世界であること。あなたの気持ち一つで目の前の世界はいくらでも変化します。「色」である物質や肉体は、人が思っているほど絶対的なものではありません。

心は顔に表れる

ネガティブな表情になっていませんか？

　心が痛みや苦しみでいっぱいの時、目に見えない感情は自分でも意識しないうちに自然と、あなたの表情や態度に表れます。もし、あなたが軽く流せないような辛いことに遭遇して、鏡の中の自分の暗い表情に気づいたら、ゆっくりと深呼吸を。

　そして感情に流されないように、「これも一つの人生勉強」、そう自分自身に言い聞かせましょう。それから、大好きな人と一緒においしいものを食べたり、いつものバスタイムを少し長めにゆったりと楽しんだり、ガチガチに硬くなっている心を意識的に解きほぐしてリセットを。

空不異色
くう ふ い しき

色（物質）は空（精神）を形に表したものであり、空と色は別のものではありません。また、人が大きな比重を置いて絶対視している肉体や物質は、絶対不変のものではなく刻々と移り変わるものであり、はかないものです。

何ごとも
バランスが大事

身体と心は、二つで一つです

　「美しくなりたい」と、絶食をしたり同じものばかり食べたり。そんなダイエットをすれば、一時的に体重は落ちるかもしれません。けれど、こういったやり方が、真に美しい身体につながるわけではないことは、多くの人が知っているでしょう。

　健康に、美しくあるためには、適度に食べて運動をすること、たっぷりの睡眠や毎日の笑顔が必要です。心と身体は二つで一つ。美しく輝くあなたを創造するためには、バランスのとれた生活習慣が欠かせません。焦らず、たっぷりと時間をかけて、自分の心と身体を磨いていきましょう。

色即是空
しきそく ぜくう

「色即是空」は般若心経において有名な一節です。色は目に見えるものの姿、空は目に見えない心の姿を指し、目に見える物質と見えない精神の調和こそが理想の姿であり、また真実の姿であると説いています。

心まであったかく

形あるモノに、込められた祈り

　寒くなると、多くの店にマフラーや手袋などの手織り製品が並びます。これだけ機械製品があふれても、ひとつひとつ手で織られた製品に、こんなにも私たちは魅了されています。それはハンドメイドならではの温かいエネルギーが宿っているから。

　会ったこともない誰かの手づくりでも、心惹かれるのですから、自分のお母さんが心を込めてつくったモノであれば、そこに大きなパワーが宿るのは自然なこと。

　人の息吹が強く吹き込まれた瞬間、モノに魂が宿った瞬間、それはモノという次元をはるかに超えた、力強い存在となるのです。

空即是色
くうそく ぜ しき

目に見える物質と見えない精神の調和こそ理想の姿、真実の姿であるということ。私たちは「色」である物質を見ていますが、そこに「空」である魂やエネルギーなど目に見えない存在が宿った状態こそ理想の状態です。

仲良くなれる？

その出会いは、人生の宝物かもしれない

　第一印象が決してよいとはいえない出会い、むしろ苦手だと感じたような人が、時間を経てお互いをよく知っていくうちに、だんだんと愛着のある存在になったり、親友になったり。そんな出会いを経験したことはありますか。それはまさに人生からのギフト。第一印象や先入観にとらわれてしまうと、たくさんの宝物のような出会いを失ってしまうかもしれません。

　だから、人でも仕事でも、まずは受け入れてその対象を知ってみること。じっくりと相手を知って、やっぱり違うと思えば、その時に距離を置いてみればいいのです。

受
_{じゅ}

見たり聞いたり、匂いや味を受け入れる人間の感覚のことを指します。五つの感覚器官にそれぞれの対象が触れることによって、私たちは常に何かを感じ続けながら生きています。

見た目で
判断しないで

経歴や情報で、決めつけていませんか

　どこの出身か、学歴は、家族構成は…。社会では、経歴やその人の外側の情報から人を判断しようとします。しかし、外的な事柄はあくまでも、その人の手がかりの一つにすぎません。

　人は、表に現れ出てくる肩書きに自然と注目してしまいますが、その内側にある本質を静かに掘り下げることも重要です。

　誰かに出会ったら、その人の内面を見つめてみましょう。じっくり話をしてみたり、その人の得意なことを一緒にやってみたり。そうすることで、意外な気づきや、新しい関係性がそこから生まれるかもしれません。

想（そう）

人が抱いている主観的なイメージのこと。わざわざ意識しなくても知っている働き。「私はこのことを知っている」と固執して、妄想をつくり続けることによって、人々は苦しんでしまうのです。

何もしない
という行動

いつも動き回っていなくて、いいのです

　風のように水のように、ただ流れに任せてみる。一見、無責任なようにも思えますが、何もしないことも「行い」といえます。

　例えばビジネスなどで派閥争いに巻きこまれ、どちらにもつきたくないと感じた時。人生において何らかの大きな選択を求められたけれど、今はなんだか違うなと感じる時。

　何も「しない」ことが、時としてあなたの人生を豊かに導いてくれることがあります。何かを「する」という、能動的な選択肢ではなく、何も「しない」という選択をすることにより、見えてくるものもあるのです。

行（ぎょう）

行動につながる欲求を含む意志。意志の結果である行動に移しても移さなくても「行」です。人の心の中には、何かを「する」という気持ちが常にあります。行動することで、次の行動をするという心の働きが起こります。

違うから、面白い

人生で出会う人の数だけ、違いがある

　同じものを見ても、人の感覚は千差万別。旦那さんが大好きなテレビシリーズを、奥さんが毛嫌いしているなんてこともしょっちゅうでしょう。夫婦ですらこんなにも違う。まして社会に出れば、それぞれの意見やライフスタイルが違うのは当然のこと。

　分かっているつもりでも、自分と異なるものに出会うと批判したり我慢したりして、最後は自分自身が苦しくなることが何と多いことでしょうか。

　息苦しさを感じたら、心の中でつぶやいてみましょう。「違うということが、自然なこと」そして「違うからこそ、面白い」と。

識
<small>しき</small>

認識すること。頭で知るのではなく心で識ること。共感したり、批判したりする心の動き。「受」「想」「行」「識」という、人間が絶対視している感覚や行動は絶対のものはなく、幻のようなものです。

気持ちを伝えよう

あなたの思い、ちゃんと伝えていますか

　あなたの周囲には、あなたの意見や考え方に対して批判的な人もいれば、賛同する人もいるでしょう。多くの人は、強く反対されたり、皆から批判されることを恐れるあまり、ストレートに気持ちを伝えず、待ったり、本心を偽ったりします。

　しかし批判や非難を恐れ、自分の意見を率直に伝えないというのは、一番愚かなことかもしれません。その結果、お互いの理解も進まず、本当の思いが言えなくなってしまうからです。

　勇気を持って自分の思いを相手にストレートにぶつけてみることも、時には必要なことです。

亦復如是
やく ぶ にょ ぜ

「またかくのごとし」という意味。これまでに登場した「受」「想」「行」「識」はすべて「空」であると結論づける一節です。

幸せは
誰かのおかげ

順風満帆な時こそ、感謝を忘れない

　家族や友人との関係も円満、仕事も順調で経済的にもそれほど困っていない。すべてが順調だと、自分でも意識しないうちに、高飛車に、特に他人に対して傲慢になってしまうものです。

　けれど、すべてが順調にいっている時こそ、心静かに、お陰を感謝して過ごしたいもの。あなたにもたらされている幸せや成功は自分が手に入れたものだと酔いしれるのではなく、他の人に対して感謝を忘れないようにしましょう。

　どんな状況にあってもおごらず、謙虚でいる人は、男女問わず多くの人から愛されていくのです。

舎利子

お釈迦さまの十大弟子の一人である、シャーリプトラのこと（→ P29）。再びここで「舎利子よ」と呼びかけ、この後さらに大切なことを説くと念押ししています。これは、私たちへの呼びかけでもあります。

景色も移り変わる

ありのままを受け入れましょう

相手の気持ちが突然変わってしまった。安心してすべて任せていた人に裏切られた。人は変化に遭遇すると、うろたえ、怒り、変化を与えた対象を恨みます。

そんな時には、街路樹を眺めてみてください。夏には青々としていた葉が、冬には一つ残らず地に落ちます。そして、時が来るとまた若葉を出して美しい花を咲かせ、実をつけるのです。

移り変わることは自然なこと。今、嫌なことがあっても、それは一時の流れ。再び状況は変わります。変わらないものを探し求めるのではなく、自然な移ろいをありのままに受け入れましょう。

是諸法空相 （ぜしょほうくうそう）

「諸法」は、この世に存在するあらゆるものを指します。永遠不変のものなどはなく、すべてのものは絶えず移り変わる実体のないものであるということを表しています。

見られていなくても
ルールは守る

見られていないからこそ、正しく生きる

　共有スペースや公共の場所などで、きちんと片づけをしない人がいます。誰も見ていないから立ち去っても大丈夫。そんな悪魔のささやきが聞こえたら、「いや、見ている人が一人いる、それは自分自身」。そう声をかけましょう。

　誰も見ていないからこそ、行いを正しくする。そんなことを続けていくと、不思議なほど、すがすがしい気持ちになってきます。それは、正しい道を一人静かに歩いていることの落ちつきがもたらすもの。きちんとした振る舞いを続けると、本質的な深い安らぎが、あなたの心を満たすのです。

不生（ふ しょう）

かつて " 生じた " ことがなく、また " 生じる " ものでもない、という般若心経の「空観」に基づく独特な世界観を表す一節です。輪廻（りん ね）の世界から解放された世界では、必ず定まった存在などありません。

欲張りすぎてない？

欲望に任せると、安らぎは得られない

あなたが何かを欲しいと強く思う時、どんな行動をとりますか。

欲しいモノに向かって激しく大きく手を伸ばし、追いかけて、追いすがって、なんとか手に入れようとするかもしれません。

確かに欲望は、人生を大きく飛躍させるエネルギーを生みます。欲望に身を任せると、人生はダイナミックで面白い。しかし、同時に安らぎはどんどんあなたから遠ざかっていきます。

欲望の対象から一度離れて、欲しているものを眺め分析してみることも時には必要です。どうして自分はそれが欲しいのか。心をかき乱しているものの正体を観察してみましょう。

不滅（ふめつ）

何ものも生ぜず、また滅びないということを「不生不滅」として述べています。私たちには滅び消えていくように見えても、そのような現象は、実は存在しません。

どろんこでもいい

洗い流さない方がいい汚れだってある

　徹底的に除菌し、塵一つない清潔な状態をつくればつくるほど、そこで生活する人は病気になりやすい…そんな話を聞いたことはありませんか。

　私たち人間の汚い、きれいの感覚など、しょせん狭い世界での判断です。広い視野で眺めてみると、様々なものが混じり合う方が、かえって豊かで強くあることが多いもの。

　日常生活の中で、ちょっとあの人こだわりすぎているなとか、潔癖すぎるなと感じたら、柔らかく相手に教えてあげるのも、時として必要なことかもしれません。

不垢

「不垢不浄」という連結した語句の一部。人にとって汚い、汚くないという感覚もまた、実体のない身勝手な観念であり、大自然の大きな摂理から眺めた時に、汚い、きれいの区別など存在しないということです。

キレイを
求めすぎないで

心穏やかにいることが、美しさの基本

　体重の微妙な増減や、ちょっとした肌荒れなど、はたから見てもちっとも分からないようなことに全神経をとがらせている女性を見かけます。これは、自分の妄念、思い込みにとらわれてしまった姿です。

　本来、自分を美しく装うという目的には、人に自分をアピールするという他に、自分の心を喜ばせることも含まれます。

　ならば、小さな変化に一喜一憂する姿こそ、静かな美しい姿から遠いものだということに気づきましょう。あなたの美しさは心の穏やかさや自信からあふれ出るものなのです。

不浄
ふ じょう

汚いように見えているけれども、そんな実体などはない。浄、不浄の観念を決めつけているのも一人よがりの思い込みです。

増えてる？

あなたの「増えた」をよく見てみよう

　友人の数、貯金や給与明細の数字、こういったものが増えたからといって、それが真の豊かさにつながっているのかというと、実はそうではないことが多いものです。

　友達や参加サークルの数が多ければ多いほど、人間関係に翻弄されたり、出費もかさみます。給与明細の数字もまたしかり。残業すればそれだけ額面は増えますが、温かい夕食を家族と一緒に食べることができなくなってしまうかもしれません。

　物事には両面があるもの。一方が増えたといって喜んでいると、その一方で失っているものが多いことに気づかされます。

不増
ふ ぞう

この世に存在するもの、確固とした存在と思っている事象のすべてに実体はないという「空観」の教えの一例です。すべての存在には増えたり、減ったりといった現象もなく、人の思い込みだと示唆しています。

なくなってないよ
移動しただけ

失ったものだけを見つめていませんか

いつも「お金がない」「お金が減った」と嘆いていませんか。でもよく考えてみると、お金が消えてなくなるはずはありません。

実際は、あなたがお金を他のサービスやモノに交換したから、お金が移動しただけです。それは新車のローンだったり、子どもの教育費かもしれません。いずれにしてもサービスやモノと引き換えにあなたはお金を払い、そして払った分だけ何かを確実に手に入れているはずです。

交換して何かを手に入れたという事実を忘れ、失ったお金だけを見て、ため息をつくのはやめましょう。

不減
（ふ げん）

この世に存在するものは、初めから実体のない状態（空相）であり、減るということもありません。「増えた」「減った」という感覚は、人の心のあり方によって変わるものです。

[慈悲]

「慈」は人々に分け隔てなく幸せを与えること、「悲」は人々の苦しみや悲しみを取り除くことを表します。つまり、他の人に対して幸せになってほしいと願い、その人が感じている苦しみを断ち切ろうとする思いやりの心です。

[渇愛]

人間が持つ際限のない欲望のこと。乾いた喉を潤すための水を求めるように、激しく執着することを表しています。渇愛は六根（眼耳鼻舌身意）によって生み出され、「もっと、もっと」と執着すればするほど、さらに膨らんでいきます。そして、満たされない欲望によって苦しまなければなりません。

しかし、六根も「空の世界」では「無」であるとされています。六根の対象となるものへのとらわれがなくなれば、穏やかな心でいられるようになるでしょう。

chapter 3

こだわりから自由になる

見えるものは
一瞬で変わる

絶対的な価値観は存在しない

個人的な好みやライフスタイルの違いが原因で人と争うのは、愚かなことです。今、テレビや雑誌やインターネット上には、多種多様な「私はこう思う」があふれています。けれど、今、一般的とされている考え方も、時代が変わればまた大きく変化していくもの。100年前に絶対だった価値観が、今の私たちから見ると、非常識に思える、そんなこともたくさんあるでしょう。

自分が大切にしている意見やスタイルもまた、大きな時の流れから見れば、ちっぽけな一点にすぎないと理解しましょう。そうすればもっと謙虚に、もっと人に優しくなれるはずです。

是故空中無色（ぜ こ くうちゅう む しき）

すべての現象に永久不変の実体など存在しない、変化し、移り変わるという大前提に立った時、当然「色」である肉体を持った「私」という確固たるものも、存在していないのです。

変化するものに
しばられないで

「最悪」が「最良」に変化することもある

会社のリーダーの突然の異動。「もう無理だ」と諦める人の心配を傍目に、若手社員の奮闘でプロジェクトは成功。リーダー不在のお陰で大きく成長した、という話を聞くことがあります。

「最悪」「最良」というのは、近視眼的な感覚かもしれません。「最悪」な時期を過ぎて振り返ると、天からのギフトのように数多くのものを与えられていたという、思いがけない結果をもたらすこともあります。それは私たちのはかり知ることを越えた「お陰」です。状況は刻々と移り変わるもの。流れに任せてみることも、時として幸運をつかむコツなのです。

無受想行識
（むじゅそうぎょうしき）

すべての現象に永久不変の実体などないという立場に立った時、感覚やイメージ、思考などの精神面つまり「受」「想」「行」「識」から成立している個人の感覚世界もまた、幻のようなものであるということです。

どう感じるかは
キミ次第

人によって感覚は違うもの

例えば、びっしりと青カビのはえたブルーチーズ。強烈な匂いに鼻をしかめる人がいる一方で、あの匂いがたまらないと大好物の一つに数える人がいます。食の感覚のみならず皮膚感覚も人それぞれ。暑い寒いなどはその最たるものであり、同じエアコンの室温でも暑いという人と寒いと感じる人がいるでしょう。

同じものを見たり、嗅いだり、味わったりしても、人の感覚はこんなにも違うのです。私たちの世界には、あらゆる人に共通の絶対的な感覚など、どこにも存在していないということに気づきましょう。

無眼耳鼻舌身意
（むげんにびぜつしんい）

目や耳や舌などの肉体の感覚器官すなわち「六根」にも実体はないということ。人が重視しがちな身体感覚、味わったり、見たり、聞いたりといった事柄も身勝手な受け取り方で、そこに真理などはないと示します。

そこに何かある？

幻だと思えば、心が安らいでいく

　私たちは、無意識のうちに、自分の周りから「見たいもの」「聞きたいもの」を選び取っています。落ち込んでいる時には、楽しそうな人たちばかりが目につき、「私だけが一人ぼっち」と感じたり、誰かの些細な一言を重く受け止めて必要以上に傷ついたりすることもあるでしょう。

　絶対（正しいと思い込む）の感覚など、どこにも存在しません。だから、今感じている感覚が絶対だと思い込む必要はありません。それを理解していれば、浮かれたり落ち込んだりと、何かに大きく心を支配されることなく、喜びも苦しみも実感できるはずです。

無色声香味触法
（む しきしょうこう み そくほう）

目や耳や舌といった肉体の感覚器官を表す「六根」とつながる対象認識である「六境」、すなわち「色」「声」「香」「味」「触」「法」のすべてもまた「空」であり、そこに真理はないと示唆する一節です。

視 野 が
狭 く なって ない？

視野が狭いと、苦しむのは自分自身

　「いい人というのは、あなたにとって都合のいい人」という言葉を聞いたことがありませんか。人が、いかに自己中心的な存在かをユーモラスに言い表した表現です。あなたの都合に合わせてくれるからいい。あなたに手厳しいから嫌な人。

　しかし、社会は、あなたに優しい人だけで構成されているわけではありません。あなたが自己中心的な姿勢でいると、当然のように人や社会と衝突します。相手も傷つけますが、実は自分自身が一番苦しみます。自分自身の感覚を絶対だと思わない、柔らかな客観性が幸せに生きていくための必要条件です。

無眼界　乃至無意識界
（むげんかい　ないしむいしきかい）

世界のすべてが「無」であるという意味。「乃至」というのは「○○から△△まで」という意味。ここでは、眼で見る世界から意識の世界まで、すべて実体がないものですという教えです。

未来は自分次第

その苦しみは、超えるためにある

　すべては移り変わり、刻々と変化している。この「空」の法則をまっすぐに見つめ理解した時、未来はいくらでも変えられるということに気づきます。その人自身が過去に犯した自分の悪に、自分自身で縛られているのは愚かなことです。

　「昔、とても不誠実なことをした。だからこそ、人に優しく、温かくありたい」。心からそう思えた瞬間、人は大きく変わります。

　人は煩悩と苦しみに満ちた不幸な存在で、この不幸が永遠に続くと決めつけるのは、とんでもない間違いです。

　あなたは、いつからでも再出発できるのです。

無無明
<ruby>無<rt>む</rt></ruby><ruby>無<rt>む</rt></ruby><ruby>明<rt>みょう</rt></ruby>

「無明」とは、佛教用語に登場する私たちという存在の根本にある無知のこと、「愚かさ」のことです。般若心経では、こういった「無明」の定義もまた絶対ではなく「空」、すなわち変化できるのだ、と説いています。

知らないことは
恥ずかしくない

いくつになっても学ぶことはできる

あなたは人から素直に教えを受けることができますか。10代や20代の学生時代ならばともかく、50代、60代になって一から何かを学ぶのは、無理だと思う人もいるでしょう。

けれど、あなたがいくつであっても「知らないこと」は世界にまだまだ多いのです。未知の世界に純粋にときめき、学べるという、その状態に感謝しましょう。

一緒に探求できる仲間たちとの時間は心から楽しいものになるはず。自然体で明るく、謙虚であれば、学びの場は想像以上の豊かさをあなたにもたらしてくれるでしょう。

亦無無明尽
やく む む みょうじん

すべてが「空」であるとする立場に立てば、無明が尽きるということもありません。佛教ではすべての苦は無明を原因とする煩悩から発生し、智慧によって無明を破ることで消滅すると説きます。

若づくりは
ほどほどに

やりすぎは、美を生まない

かけがえのない人生ですから、与えられた環境で、与えられた身体で、毎日を全力で生きていきたいもの。しかし、どうしても人は夢中になると極端になってしまう傾向があります。

肌を10歳若返らせるための化粧品、筋肉を増強させるためのフィットネスマシーンなど、本来は健康で若々しい身体をつくって幸せになるための行動が、自分にストレスを与え、失うことを恐れさせる行動になってしまうケースがあります。

アンチエイジングは、ほどほどに。老いという自然な現象にある程度は身を任せるのも、必要なことなのです。

乃至無老死
ないし　む ろうし

「空」の視点に立てば、人々が恐れ騒いでいる老いと死の問題は、それほど大きなことではなく、単なる自然の移り変わりにすぎません。「老いや死もなく、老死の消滅することもない」ことを示しています。

老いは自然の流れ

若い頃と、今を比べないで

　万物はすべて始まりがあり、終わりがあります。あなたは今、若い頃と現在を単純に比べて、老いを単なる苦しみと認識していませんか。

　その二つは比較するものではありません。あなたの現在の姿こそが、実はとても自然な姿であることに気づきましょう。身体に痛みや辛さがあるのなら、病院で治療したり、食事に気をつけて、その辛さを癒すことは大切です。しかし、大前提として、衰えていくことや、老いることこそが自然な姿であることを知っておくことも必要です。

亦無老死尽
（やくむろうしじん）

苦しみの原因は「無明」から始まり、「老死」で終わるとされる「十二縁起」の考え方に由来するのが、前の項目から続くくだりです。般若心経においては、「無明」も「老死」すらも「空」なのです。

何があっても
歩みを止めない

それでも私たちは、前に進んでいく

信じていた人の裏切りや、事業での失敗。立ち直れないほどの打撃を受けた時、そこからどうやって自分を立て直しますか。

どんな道を選んだ場合でも、ただ一つ覚えていてほしいことがあります。それは、今あなたが経験している、そのすさまじい苦しみは、あなたの魂にとっての大きな学びの場であること。悲しみや苦しみをとことん味わい、やがて身体をひきずるようにして、それでも前を向いて歩くのです。

負の経験を大きなエネルギーに変えて、与えられた人生の最後の瞬間まで、生き抜いていくのです。

無苦集滅道（む く じゅうめつどう）

「苦」「集」「滅」「道」は、「四諦」（し たい）と呼ばれ、人生の地獄のような苦しみから解脱するための修行法です。しかし、般若心経の「空観」においては、この四諦の修行すら、結局は「無」であると説いています。

見返りはいらないよ

小さな損得勘定から離れましょう

　山に咲く花は、人が褒めてくれるから咲くのではありません。谷を流れる冷たい川の水は、旅人の渇きを癒し、草木を潤しても、何の見返りも求めません。自然界は、互いに与え合い、美しく存在しているのです。これを「無所得」といいます。

　一方、私たち人間は、「こんなに頑張ったから、褒められるだろう」「見返りが期待できないならやめておこう」などと、損か得かを瞬間的に計算してしまいがちです。しかし、損得勘定にとらわれるのは、貧しい人生です。心から相手を思った行動をすることこそ、人生に豊かさをもたらすでしょう。

無智亦無得　以無所得故
（む　ち　ゃく　む　とく　　　い　む　しょ　とく　こ）

「得るところなきをもって故に」と直訳されます。何かを得た、失ったと騒いでいる自我を捨て去り、損得の感情から少し離れて、こだわる心を捨てよ、と説く一節です。

般若心経にまつわる、佛教の言葉③

[四苦八苦]

佛教では人間の根本的な苦しみを「生」「老」「病」「死」の四苦とし、さらに「愛別離苦」（愛するものと別れる苦しみ）、「怨憎会苦」（怨み、憎むものにも会わなければならない苦しみ）、「求不得苦」（求めているものが手に入らない苦しみ）、「五蘊盛苦」（身心が思い通りにならない苦しみ）を加えて四苦八苦といいます。四苦八苦をもたらすのは、私たちの存在の根底にある根本的な無知（無明→ P77）なのです。

[六波羅蜜]

悟りを得るための六つの修行を実践することを指します。「布施」（施しの心）、「持戒」（悪心を止める心）、「忍辱」（許す心）、「精進」（努力すること）、「禅定」（慌てず正しい判断をすること）であり、それらを実践することによって六つ目の波羅蜜である「智慧」（物事をありのままに把握し、真理を見極める認識力）を得ることができるのです。

また、「智慧」がなければ五つの修行を正しく行うことができません。「智慧」は特に大切な実践の修行なのです。

chapter 4

正しい道を歩んで行く

手 を 差 し 伸 べ て

人を助けることで、自分も磨かれる

　困っている人や弱い立場の人に出会った時、あなたはサッと手を差し伸べることができますか。

　交差点で重そうな荷物を抱えた年配のご婦人を見かけた時。混雑した車両で妊婦さんに出会った時。ためらわずに手助けをするのが正しいということは誰でも分かっています。

　だから、ドキドキと高鳴る鼓動を感じながら、震える指先で、その人に向かって、歩み出してほしいのです。仮に相手に感謝されなくても、勇気を出して行動を起こしてみましょう。その勇気ある一歩が、あなたの心を大きく成長させるのです。

菩提薩埵（ぼ だい さつ た）

サンスクリット語の " ボーディサットヴァ " を音訳したもの。「菩薩」と同じ意味です。如来がすでに悟りを開き、佛となっている存在であるのに対して、菩薩は佛になる前の悟りを求めて修行をする段階の存在です。

まずはやってみる

挑戦を続けると、自分自身が強くなる

町で目に飛びこんできた、サークルのメンバー募集やカルチャーセンターの生徒募集のポスター。「参加してみたいけれど、連絡する勇気がない…」。こんな経験はありませんか。

せっかく心惹かれるものが視界に入ったのに、臆病な心のせいで、チャレンジせずに終わってしまうのはもったいないこと。その出会いの中に、あなたに変化をもたらす新しいものが潜んでいるかもしれません。

「いいな」と感じたら、まずはやってみること。そこから新たな未来が始まっていくのです。

依般若波羅蜜多故
（え はんにゃ は ら みった こ）

直訳すると「（菩薩さまは）般若波羅蜜多という真実の智慧を拠りどころとしているので…」と後半の文章へ続く一節です。

しなやかに生きる

毎日の心の持ち方を正しくする

　怒りや不安のない、穏やかな心。そんな心になれるのでしょうか。そこに絶対の答えはありません。人の数だけ悟りへの修行の道は存在し、道の進み方も異なるからです。

　しかし、万人に共通することがいくつもあります。毎日の中に変化を見出し、それに感謝すること。自分と異なる考え方を持つ人を受け入れる度量の広さを持つこと。そして与えられた社会的役割や仕事に対し全力で取り組むこと。

　どれもこれも当たり前のことばかりですが、これをコツコツと続けることが、自由で静かな心へ到達する道なのです。

心無罣礙
しんむけいげ

「罣礙」は、「網にからまり石につまずく」といった状態を表します。この「罣礙」の前に「心無」をつけ、般若心経が説いているのは、こだわりや疑い、わだかまりのない、柔らかく澄んだ心の状態のことです。

何にも
邪魔されない

周りの目を気にせず、自分の道を進もう

　「いい年をしてこんなことをしたら、おかしいと思われるかもしれない」「本当はやってみたいけれど、周りの目が気になる」などというこだわりから離れ、周囲や社会の目を気にせず、自分がしたいと思ったことは大胆に挑戦してみましょう。

　そこから得られる成功や失敗の経験は、磨き上げられた勇気となり、何度でも繰り返し立ち上がることのできる不屈のスピリットとなります。

　そんなふうに自分の信念を支える強い心を持った人は、何ものにも邪魔されず、自分の人生を進んでいけるのです。

無罣礙故
（む けい げ こ）

「心にこだわりを持たないがゆえに」を意味し、その後の文へと続きます。お釈迦さまの智慧である「般若波羅蜜多」を身につけた人の心は煩悩にとらわれず、自由に解き放たれることを示す一節です。

もう怖がらない

最初から、それはあなたのものではない

　大切な人や、築き上げてきた地位、資産などを失うかもしれないという思い。こういった喪失の予感が、恐怖を生み出します。しかし、あなたが失いたくないと感じている命や健康、地位、財力など…すべては本質的に移ろいゆくものです。

　変化していくという性質を深く理解した上で、少し離れた視点でこういったものと関わってみてください。

　それは難しいことのように思えますが、いつかは失うという前提で爽やかに付き合うこと。これを積み重ねていくと、あなたを悩ませてきた、喪失の恐怖は徐々に去っていきます。

無有恐怖（む う く ふ）

直訳すると「恐怖はない」ということ。柔らかく澄んだ心の状態を得た人は、こだわりや疑い、わだかまりがなく、解放された自由な境地に達することができます。

考えすぎじゃない？

他人の感情をあれこれと、推察しない

「あの人から嫌われている気がする。メールの返事が来ないんだよね。この間の失言のせいかもしれない」「えっ。彼女、週末から海外に行くって言ってなかったっけ」。こんなこと、あなたもありませんか？　これは一種の神経過敏、被害妄想。あの人から嫌われているかもしれないという思い込みです。

小さなすれ違いを拡大解釈して、悪い方に思い込む。こういう時は早い段階で冷静な判断のできる第三者に相談したり、相手に柔らかく尋ねたりして、自分自身の妄想の中に閉じこもらないようにしましょう。

遠離一切顛倒夢想
（おん り いっさいてんどう む そう）

「顛倒夢想」とは、私たちが持つ妄念の心を示します。これらの間違った考え方や思い込み、妄想などから解放され、冷静に、正しく物事を見ることができるようになることを意味する一節です。

穏やかな心で

人に期待しすぎるのはやめよう

社会で生きていると、どうしても相手に「このくらいはできるだろう」「このくらいは理解しているだろう」と思って接してしまいます。プライベートでも、身近な人には自然と様々なことを要求してしまうでしょう。

しかし、穏やかな安らぎを感じて生きていくためには、人に何かを期待する状態から離れることがとても大切です。どうしても何かを期待してしまうのならば、その対象は他者ではなくあなた自身へ向けましょう。そうすれば裏切られたと失望し、怒りを感じることもなくなるはずです。

究竟涅槃
（く ぎょう ね はん）

「涅槃」の語源はサンスクリット語で"ニルヴァーナ"。人生の様々な苦しみの原因である煩悩の炎が小さくなり、やがてフッと消えた様子を表現しています。その先にあるのは、どこまでも心穏やかな、安らぎの境地です。

いつも見守ってるよ

「たった一人」ってあなたは言うけれど

　「私って、一人ぼっちだなあ」「真の友達なんて一人もいないかもしれない」。そんなふうに孤独の沼に沈みそうな時こそ、自分の生き方を見直してみましょう。あなたは本当にたった一人なのでしょうか。周りから差し伸べられた手を、あなた自身が妙なプライドで振り払ってはいませんか。

　抱えきれない悲しみや不安に直面した時、一人で解決しようとするのではなく、周りの人に助けを求めましょう。一人ぼっちだと思っていたけれど、実は自分を見守ってくれている人がたくさんいることに気づくはずです。

三世諸佛（さん ぜ しょぶつ）

「三世」とは、過去、現在、未来を表す言葉です。遠い過去から現在を経て、未来まで、三つの時代に不変の存在として生き続ける佛さまのことを、「三世諸佛」といいます。

一歩一歩の
積み重ね

あなたの生き方は佇まいに表れる

　智慧を身につけた人の周りには、穏やかで柔らかい風が吹いています。それは人を威圧することも自らを誇ることもなく、人々を深く魅了し、温かい安らぎを与えるもの。

　あなたが周りの人に何か言わなくても、説明しなくても、智慧は、あなた自身の微笑みや立ち居振る舞いに、自然に現れ出てきます。

　毎日のお陰に感謝し、未来や過去ではなく「今」に集中して、一歩一歩進んでいきましょう。その積み重ねこそが、智慧の習得につながっていきます。

依般若波羅蜜多故（え はんにゃ は ら みった こ）

「般若波羅蜜多という真実の智慧を拠りどころとしているので…」という意味で、前後の文章に関わる表現です。佛さまたちも六波羅蜜（→ P88）を実践することにより、完全な智慧を体得し、悟りを開きました。

道 は 続 く

一歩進んで、三歩戻るのも修行

　学生だった頃を思い出してみてください。テストの直前、あなたも毎日コツコツと、机の上の問題集に向かいませんでしたか。同じ科目でも、なぜだかテーマによって得意不得意があって、どうしても身につかない項目は、何度も復習したのではないでしょうか。

　人生の心の修行もまったく同じこと。同じような場面で何度も何度も失敗して、そのたびに最初まで逆戻りし、また初心で学び直す。それを気が遠くなるほど積み重ねることが、目標へ到る道なのです。近道はありません。

得阿耨多羅三藐三菩提
とく あ のく た ら さんみゃくさん ぼ だい

あらゆる煩悩を取り払い、苦を滅し、一切を平等に正しく観ずることができる境地。正しい教えを聞き、よく考え、実践することにより理知的、習慣的、持続的なものとして達成していくのが佛教の教えです。

ついにここまで

上達したのは、人の何倍も頑張ったから

　スポーツや勉強、料理など「昔はできなかったのに、すごく上手になったね」と、周りが驚くような上達をとげる人々がいます。そんな人に出会った時、「あの人って才能があったのね」と片づけてしまっていませんか。

　彼らの成功の陰には、人知れず積み重ねた努力の日々があるのに、どうしても私たちはそこに目を向けようとしません。

　「継続は力なり」という言葉があるように、コツコツと続けることこそ、最高のスキルアップの方法。上達への近道は日々の鍛錬を続けることしかありません。

故知般若波羅蜜多
こ　ち　はんにゃ　は　ら　みった

「故知」とは「それゆえ人々は知るべきです」と訳します。「般若波羅蜜多という深遠な佛さまの智慧の素晴らしさを人々は知るべきです」と、ここでも繰り返し説いているのです。

言葉には
パワーがある

親しい間柄だからこそ、互いに声かけを

思っているだけでは気持ちは相手には届きません。強く思っていること、特に感謝や愛の思いは、必ず言葉にして相手に伝えましょう。

何かをしてくれた相手に微笑みを向け「ありがとう」と明瞭な言葉で伝えると、不思議なほど、温かい波動が相手から戻ってきませんか。

家族や親しい友人たちは、わざわざ言葉をかけなくても通じ合える間柄だからこそ、心を込めて感謝と愛の言葉をかけ合うことで、お互いにとって心地よい空間をつくることができるのです。

是大神呪
<ruby>是<rt>ぜ</rt></ruby><ruby>大神呪<rt>だいじんしゅ</rt></ruby>

ここから登場する「呪」とは、マントラのことです。現代の表現で分かりやすくいうと「呪文」と言い換えられるでしょう。真実を語る言葉、佛さまやお釈迦さまのありがたい働きを具現化する言葉のことです。

心 に 光 が 差 す

目に見えない存在へ、感謝の祈りを

　仲間やお世話になっている人に対してだけではなく、あなたを生かしてくれている自然界の様々な存在、例えば太陽や水や大地にも、時には天を仰いで、手を合わせて「ありがとう」の気持ちを伝えてください。

　家族や友人やお金や資産といった世俗的な存在だけが、あなたの生活を支えているわけではないからです。

　あなたが当たり前のように享受している冷たい水や、調理や暖をとるための燃える炎、温かい太陽の光などにも、感謝の祈りを伝えてみてください。

是大明呪
<small>ぜ だいみょうしゅ</small>

前文の「是大神呪」に続いて、大きな効果のある呪文を意味します。佛さまや菩薩さまの働きを意味するありがたく、光り輝く言葉であり「マントラ」「陀羅尼」ともいわれます。

最高の幸せ！

喜びはあなたの内側にある

　至福とは、どんな状態を指すのでしょうか。モノに囲まれて豊かなことでしょうか。あなたの愛する人が永遠の愛を交わしてくれている瞬間でしょうか。これらは一瞬の大きな喜びではありますが、無上の幸せとは言い切れません。

　無上の幸せとは、恐れや怒り、悲しみといった感情から解き放たれ、あなたの内側が穏やかである心の状態のこと。

　無上の幸せは、自分の外側にはありません。

　自分の内側にだけ築き上げることができ、内側だからこそ、永久不変なのです。

是無上呪（ぜ　む　じょうしゅ）

呪文、マントラを絶賛する表現が、まだ続きます。「これは無上の、これ以上ないほどに優れた真言である」という意味です。

比べなくてもいい

どちらがいいかなんて、比べられない

　毎日の選択の中で、二者択一をしていませんか？　どちらも甲乙つけがたく素晴らしい存在なのに、狭い価値判断で、どちらかを劣っていると貶めたり、どちらかを優れていると賞賛したり。

　例えば、歩みは遅いけれど慎重に対応する人のそばに、スピード感にあふれ色々なことが素早くできる人がいれば、当然後者に注目が集まるでしょう。

　しかし、この二者に優劣をつけること自体が、愚かなのです。それぞれに役割や個性があります。違うということの素晴らしさを認められるように努力してみてください。

是無等等呪
<ruby>是<rt>ぜ</rt>無<rt>む</rt>等等<rt>とうどう</rt>呪<rt>しゅ</rt></ruby>

「是無上呪」と「是無等等呪」の二つの言葉を重ねることで、「般若波羅蜜多」の真言の素晴らしさを伝えようとしています。その真言は比べることなどできないほどに優れている、至上のものなのです。

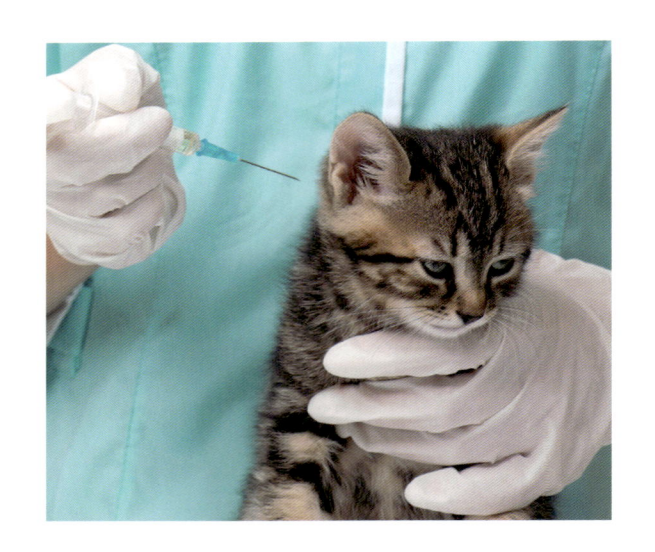

痛 み は 感 じ 方 次 第

その苦しみは、人生を輝かせるはず

　過酷なトレーニングを自らに課す、野球選手やプロボクサーなどのアスリートたち。彼らのすさまじい努力は、普通の人から見れば苦行としか思えないでしょう。

　しかし、彼らはそれを単なる苦しみとは捉えていません。高い目標を達成するための手段、あるいは自分を鍛え上げる喜びと捉え、さらなるトレーニングを課していきます。

　苦しみであっても、感じ方によって、修行、手段、喜びと様々に解釈できるのです。苦しみから逃げようとするのではなく、見方を変えてみることで、人生はより豊かになっていくでしょう。

能除一切苦
（のうじょいっさいく）

「一切の苦しみを取り去る」と、あえて「一切」という強い強調の言葉をつけて表現しています。苦しみを取り去るその主体は、前述したマントラ、「是大神呪」から始まる真言を指しています。

偽らない

自分を偽るほど、辛くなる

　社会で生きていると、どうしても人は見栄を張ったり、知ったかぶりをしてしまうことがあるでしょう。事実を自分の都合のいいように切り取って伝えることもあるかもしれません。

　しかし、真実を知っている自分自身は騙すことができません。だから、どこかビクビクして自信のない態度になったり、後になって罪悪感を感じたりしてしまうのです。

　嘘をついたり、見栄を張るのはやめましょう。相手に真実を伝えるためだけでなく、自分に対して誠実であるために。偽りを重ねると、そのぶん不幸になっていくのは、自分自身なのです。

真実不虚
しんじつ ふ こ

「真実にして虚ならず」というこの言葉は、前に登場した「すべての苦しみを取り去る」という言葉に連動します。「般若波羅蜜多」は、人生におけるすべての苦しみを取り除く、嘘偽りのない真実のマントラなのです。

一人で考えないで

時には人の力を借りて

　一人でやってしまっては、自分自身の成長につながらないことが、世の中には往々にしてあります。手助けを人に頼み、あえて多くの人の力を借りて完成させることで出来上がったものは、一人で取り組むよりも、はるかに優れた魅力的なものとなり、自分も精神面や技術面で大きく成長できるのです。

　こういった手間や、人と一緒に何かすることを面倒くさいと感じ、何でも一人で処理してしまおうという風潮があるのは、少し悲しいこと。周りの人と一緒に作業をすることで、より達成感を感じられるはずです。

故説般若波羅蜜多呪
（こ せ つ はん にゃ は ら みっ た しゅ）

「般若波羅蜜多の真言を次のように唱えます」と、人々に向けて呼びかけてくる表現です。智慧の言葉を声高らかに唱えることを、皆に薦めている言葉です。

味方は必ずいる

一人より、二人の力で前へ進む

「もうこれ以上アイディアが浮かばない」と煮詰まってしまった時、一人で抱え込まずに、皆の意見を取り入れながら創り上げていくのも、ビジネスを成功に導くよい方法です。新人や他部署の人など、意外な人から自分では思いつきもしないアイディアが飛び出ることもあるのです。

一人で考えていると、自分の枠の中だけの狭い仕上がりになってしまいがちですが、仲間と共にアイディアを出し合えば、より豊かな素晴らしいものが出来上がります。お互いに協力することで、自分の力以上の成果を成し遂げることができるでしょう。

即説呪曰
<small>そくせつしゅわつ</small>

観自在菩薩はそのマントラを次のように唱えました、と訳される一節。この後から、般若心経最後の呪文が、次々に唱えられていきます。この呪文は何かを説明する言葉ではなく、前進する扉を開くものなのです。

さあ行こう！

とにかく一歩を踏み出そう

　自分自身に課した、高いハードル。仕事で大きなプロジェクトに参加してみることだったり、苦手だった料理をきちんとつくって決まった時間にテーブルにつくことだったり。

　些細なことでもいい、新しいことに挑戦して、それが達成できた瞬間、あなたが感じるのは、震えるような喜びのはず。

　「できない」「無理」「苦手」といったネガティブな思考から離れ、未来へとジャンプしましょう。少しの勇気さえあれば、それは誰にでも可能なことです。

　一歩を踏み出しましょう。未来に輝く自分がいると信じて！

掲諦 掲諦 波羅掲諦
（ぎゃてい ぎゃてい　は　ら ぎゃてい）

「行こう、行こう、さあ行こう」という意味です。「掲諦」は「度す」とも解釈され、人生のあらゆる苦しみを般若の智慧によって、私たちが乗り越えていくことを伝えています。

一緒に行こう！

自分勝手に生きていては、成功できない

　般若心経の翻訳者、玄奘は、幾度も命の危険を冒しながら、中国からはるばるインドへと渡り、お釈迦さまの教えを祖国へ伝えました。彼を支えたのは、世のため人のために正しい経典を伝えたいという、燃えるような使命感です。

　人は自分のためだけに努力を重ねるよりも、仲間たちや使命のために動く時の方が、大きな成果を出せることがあります。大きなことを成し遂げたい時は、あえて己を捨て去り、「誰かのため」を思うことで、幸せを感じることができるのです。

　あなたも周りの人のために、行動を起こしてみませんか。

波羅僧掲諦
（は　ら　そうぎゃてい）

一人ではなく周囲の人々へ広く呼びかけ、皆で一緒に悟りを得よう、彼岸へ渡ろう、共にマントラを唱えようと誘う一節です。分け隔てのないお釈迦さまの慈愛と智慧が万物に注がれているような表現です。

幸せの世界を
目指して

・ 幸福は、誰かの真似では絶対に得られない

　幸福感というのは他人にははかることはできません。また、他人が決めることでもありません。「あの人は大きな家を建てたから幸福だ」とか「一流大学を卒業したから幸福だ」などということは、決してないのです。

　他人にははかり知れない、心の奥の充足感、それが幸福です。

　幸せの世界を目指すというのは、自分の内側にしっかりと目を向け、自分を深く知ることからスタートします。他人のライフスタイルを真似たり、アドバイスを鵜呑みにして得られるような、たやすいものではありません。

菩提薩婆呵
<ruby>菩<rt>ほ</rt></ruby><ruby>提<rt>じ</rt></ruby><ruby>薩<rt>そ</rt></ruby><ruby>婆<rt>わ</rt></ruby><ruby>呵<rt>か</rt></ruby>

「悟りの成就に、幸あれ」で完結する、般若心経最後の言葉です。この真言は、般若波羅蜜多を実践し、煩悩の彼岸をはるかに超えて無事に彼岸に渡った存在に対しての、大きな祝福の言葉です。

これが般ニャ心経

本物は、過去・現在・未来をも超えて

　森羅万象すべてが変化するものです。人の身体も環境も自然も、時の経過と共に変貌し、時代が変われば違った価値観や流行がその場を支配するようになります。

　しかし「本物」は、時代の変化と共に少しずつ姿を変えながらも生き残っていきます。

　般若心経という経典も、数千年前に書かれたサンスクリット語の経文が、途方もない時間を超えて現代に伝わっているもの。真実の教えだからこそ、その教えの真髄は時空を超えて人々に支持され、未来へと突き進んでいくのです。

般若心経
はんにゃしんぎょう

マントラの連打と最後の祝福の言葉で般若心経は終わります。玄奘は、インドに経典を求める旅を続ける中で、困難にぶつかると必ず最後の「掲諦」以下の真言を唱えて危機を脱したと伝えられています。

般若心経 全文

摩訶般若波羅蜜多心経
（ま か はんにゃ は ら みった しんぎょう）

観自在菩薩
（かん じ ざい ぼ さつ）

行深般若波羅蜜多時
（ぎょうじんはんにゃ は ら みった じ）

照見五蘊皆空　度一切苦厄
（しょうけん ご うんかいくう　ど いっさい く やく）

舎利子
（しゃ り し）

色不異空　空不異色
（しき ふ い くう　くう ふ い しき）
色即是空　空即是色
（しきそく ぜ くう　くうそく ぜ しき）

大いなる智慧の完成によって幸せをいただくための中心となる教え

私はこのように聞いています。お釈迦さまは大勢の出家した弟子たちや菩薩さまたちと共に王舎城の霊鷲山にいらっしゃった時、深い悟りの瞑想に入られました。その時、観自在菩薩さま（観音さま）は深淵の「智慧の完成（般若波羅蜜多）」の修行をされて次のように見極められました。

人は私や私の魂というものが存在すると思っていますが、人間は肉体や感覚・イメージ・感情・思考（色受想行識）という一連の知覚、反応を構成する五つの集合体（五蘊）で、そのどれもが私ではないし、私に属するものでもないし、またそれらの他に私があるわけでもないのですから、結局どこにも私などというものは存在しません。しかもそれら五つの要素も幻のように実体がありません。そして、修行によって得られた智慧によってすべての苦しみや災いから抜け出すことができました。

お釈迦さまの弟子で長老のシャーリプトラ（舎利子）は、観自在菩薩さまに次のようにお尋ねになりました。「深淵な智慧の完成の修行をしようと思えば、どのように学べばよいのでしょうか」。観自在菩薩さまは次のようにお話になりました。シャーリプトラよ、肉体は幻のように実体の無いものであり、実体が無いものが肉体

受想行識　亦復如是

舎利子　是諸法空相

不生不滅　不垢不浄

不増不減

是故空中無色　無受想行識

無眼耳鼻舌身意

無色声香味触法

無眼界　乃至無意識界

無無明　亦無無明尽

乃至無老死　亦無老死尽

無苦集滅道　無智亦無得

以無所得故

菩提薩埵　依般若波羅蜜多故

心無罣礙　無罣礙故　無有恐怖

遠離一切顛倒夢想　究竟涅槃

としてあるように見えているのです。肉体は幻のように実体の無いものに他ならないのですが、かといって真実の姿は我々が見ている肉体を離れて存在するわけではありません。肉体は実体が無いというあり方で存在しているのであり、真実なるものが幻のような肉体として存在しているのです。これは肉体だけでなく感覚やイメージ、感情や思考も同じです。シャーリプトラよ、このようにすべては実体が無いので、生まれることも、無くなることもありません。汚れているとか、清らかであるということもありません。迷いが減ったり、福徳が増えたりすることもありません。

このような実体は無いのだという高い認識の境地からすれば、肉体も感覚もイメージも連想も思考もありません。目・耳・鼻・舌・皮膚や、感覚といった心も無く、色・音・匂い・味・触感といった感覚の対象となるものもありません。目に映る世界から、心の世界まですべてありません。もともと何も無いのですから、迷いの最初の原因である認識の間違いも無ければ、それが無くなることもありません。同様に迷いの最後の結果である、老いも死も無く、老いや死が無くなることもありません。苦しみも、その原因も、苦しみが無くなることも、苦しみを無くす修行法もありません。知ることも、修行の成果を得ることもありません。

このような境地ですから、菩薩さまたちは智慧の完成によって、心に妨げがありません。心に妨げが無いので恐れもありません。誤った妄想を一切お持ちでないので、完全に解放された晴れ晴れとした境地にいらっしゃいます。

さんぜしょぶつ　えはんにゃはらみったこ
三世諸佛　依般若波羅蜜多故

とくあのくたらさんみゃくさんぼだい
得阿耨多羅三藐三菩提

こちはんにゃはらみった
故知般若波羅蜜多

ぜだいじんしゅ　ぜだいみょうしゅ
是大神呪　是大明呪

ぜむじょうしゅ　ぜむとうどうしゅ
是無上呪　是無等等呪

のうじょいっさいく　しんじつふこ
能除一切苦　真実不虚

こせつはんにゃはらみったしゅ
故説般若波羅蜜多呪

そくせつしゅわつ
即説呪曰

ぎゃてい　ぎゃてい　はらぎゃてい
掲諦　掲諦　波羅掲諦

はらそうぎゃてい　ぼじそわか
波羅僧掲諦　菩提薩婆訶

はんにゃしんぎょう
般若心経

過去・現在・未来のすべての佛さまも、この智慧の完成によって、この上なく完全に目覚められたのです。

ですから智慧の完成は大いなる悟りの真言であり、光り輝く真言であり、最高の真言であり、他に比べることもない真言です。すべての苦しみを取り除く真言であり、偽りが無いので確実に効果があります。
さあ、智慧の完成の真言を声高らかにお唱えしましょう。

「ガテー　ガテー　パーラガテー　パーラサンガテー　ボーディ　スヴァーハー」（智慧よ、智慧よ、完全なる智慧よ、完成された完全なる智慧よ、悟りよ、幸あれ）（行こう、行こう、さあ行こう、さあ皆で行きましょう。幸せの世界に向かって、手に手を取り合って）。

シャーリプトラよ、深淵な智慧の完成の修行をするにはこのように学ぶのです。この時、お釈迦さまは瞑想を終えられ、「その通りです」と喜んで観自在菩薩さまをお褒めになりました。シャーリプトラや観自在菩薩さまやその場にいたすべての人たちはお釈迦さまの言葉に喜びました。以上で智慧の完成の神髄の教えを終わります。

🐾 写真提供

カバー　northern lights/PIXTA（ピクスタ）

P10　Alexey Shinkevich/Shutterstock.com

P12　Schubbel/Shutterstock.com

P14　©pickit - Fotolia

P16　Liliya Kulianionak/Shutterstock.com

P18　Schubbel/Shutterstock.com

P20　アキラ/PIXTA（ピクスタ）

P22　DavidTB/Shutterstock.com

P24　Leoba/Shutterstock.com

P28　iStock.com/y_bashar_babur

P30　Orhan Cam/Shutterstock.com

P32　elwynn/Shutterstock.com

P34　BkkPixel/Shutterstock.com

P36　Lubava/Shutterstock.com

P38　puchan/Shutterstock.com

P40　Piyato/Shutterstock.com

P42　vita khorzhevska/Shutterstock.com

P44　Hannes Thirion/Shutterstock.com

P46　Moyakov/Shutterstock.com

P48　MaraZe/Shutterstock.com

P50　Tony Campbell/Shutterstock.com

P52　Bork/Shutterstock.com

P54　DarkBird/Shutterstock.com

P56　iStock.com/planinasum

P58　Katrina Elena/Shutterstock.com

P60　Roman Seliutin/Shutterstock.com

P62　Ermolaev Alexander
　　　/Shutterstock.com

P66　onixxino/Shutterstock.com

P68　Poprotskiy Alexey
　　　/Shutterstock.com

P70　Kateryna Yakovlieva
　　　/Shutterstock.com

P72　©Nadine Haase - Fotolia

P74　iStock.com/Podulka

P76　Lee O'Dell/Shutterstock.com

P78　Hasloo Group Production Studio
　　　/Shutterstock.com

P80　Linn Currie/Shutterstock.com

P82　vvvita/Shutterstock.com

P84　Jarry/Shutterstock.com

P86　dien/Shutterstock.com

P90　Edoma/Shutterstock.com

P92　dragi52/Shutterstock.com

P94　MOLPIX/Shutterstock com

P96　Sherri R. Camp/Shutterstock.com

P98　vvvita/Shutterstock.com

P100　Ilya Andriyanov/Shutterstock.com

P102　Dean Drobot/Shutterstock.com

P104　Leonid and Anna Dedukh
　　　/Shutterstock.com

P106　iStock.com/JoeLena

P108　JeyArt/Shutterstock.com

P110　Polina Ledneva/Shutterstock.com

P112　Vinogradov Illya/Shutterstock.com

P114　vvvita/Shutterstock.com

P116　VICUSCHKA/Shutterstock.com

P118　Petr Malyshev/Shutterstock.com

P120　Lubava/Shutterstock.com

P122　kuban_girl/Shutterstock.com

P124　Steve Mann/Shutterstock.com

P126　Sergej Razvodovskij
　　　/Shutterstock.com

P128　©Astrid Gast - Fotolia

P130　©Astrid Gast - Fotolia

P132　Ortis/Shutterstock.com

P134　pkproject/Shutterstock.com

🐾 監修者プロフィール

加藤 朝胤（かとう ちょういん）

1949 年、愛知県尾西市（現一宮市）生まれ。

法相宗大本山 薬師寺執事長。龍谷大学文学部特別講師、NHK 文化センター講師、朝日カルチャーセンター講師、中日文化センター講師などを務める他、NHK『こころの時代』など、TV・ラジオでも活躍。各地で講演会や辻説法も開催。著書に『今あるものに気づきなさい』（リベラル社）、『開』（JDC 刊）、監修書に『柴犬まるのワン若心経』『こだわらニャい 心配しニャい 迷わニャい ブッダの言葉』『自由な心になれる 般若心経エッセイ』『穏やかな心になれる ブッダの言葉エッセイ』『くり返し読みたい般若心経』『つよくやさしい心を育てる おしえてほとけさま』『つよくやさしい心を育てる おしえてえんまさま』（以上、すべてリベラル社）などがある。

薬師寺　http://www.nara-yakushiji.com/

監修	加藤朝胤
ライター	菅原こころ
装丁デザイン	宮下ヨシヲ（サイフォン グラフィカ）
本文デザイン	渡辺靖子（リベラル社）
編集	宇野真梨子
編集人	伊藤光恵（リベラル社）
営業	青木ちはる（リベラル社）

編集部　堀友香・上島俊秀・高清水純

営業部　津村卓・津田滋春・廣田修・榎正樹・澤順二・大野勝司

※本書は 2014 年に小社より発刊した『ラク～に生きるヒントが見つかる 般ニャ心経』を文庫化したものです

ラク～に生きるヒントが見つかる 般ニャ心経

2018 年 4 月 30 日　初版

編　集	リベラル社
発行者	隅田　直樹
発行所	株式会社 リベラル社

〒460-0008　名古屋市中区栄 3-7-9　新鏡栄ビル 8F
TEL 052-261-9101　FAX 052-261-9134　http://liberalsya.com

発　売　株式会社 星雲社
〒112-0005　東京都文京区水道 1-3-30
TEL 03-3868-3275

印刷・製本　株式会社 チューエツ